Inhalt

Der E-Postbrief - die Post, die aus dem Netz kommt

Kernthesen

Beitrag

Fallbeispiele

Weiterführende Literatur

Impressum

Der E-Postbrief - die Post, die aus dem Netz kommt

C.Preissler

Kernthesen

- Die moderne Kommunikation mit dem E-Postbrief ist umweltfreundlich, ermöglicht Kosteneinsparungen und verringert die Arbeitsschritte.
- Für Privatkunden ist der E-Postbriefs noch wenig attraktiv, bis heute sind nur vergleichsweise Wenige beim E-Postbrief angemeldet. Je mehr private Nutzer jedoch angemeldet sind, umso interessanter wird der Versand von elektronischen Nachrichten auch für die Unternehmen.
- Das Verschicken von E-Postbriefen an

Nicht-Nutzer ist prinzipiell möglich, allerdings oft mühsam und zeitintensiv.
- Der E-Postbrief steht nicht alleine. Es gibt einige De-Mail Anbieter, die mit attraktiveren Angeboten nachziehen.

Beitrag

Das Briefgeheimnis erobert das Internet

...so lautet ein Slogan der Marketingkampagne der Deutschen Post zum E-Postbrief. Nachdem der gescheiterte Vorläufer "ePost" 2005 eingestellt wurde, legt die Deutsche Post seit Mitte 2010 mit dem E-Postbrief nach. Die Idee hinter dem digitalen Brief klingt genial: Kommunikation via E-Mail. Einfach, verbindlich, vertraulich und verlässlich! Will man schnell noch einen Brief versenden, muss man keine Marke zur Hand haben und auch nicht drucken. Man lädt das Dokument auf der E-Postbriefplattform hoch und verschickt es. Notfalls lässt man es einfach von der Post ausdrucken und zustellen. Behördengänge per Mausklick zu jeder Tageszeit erledigen, Gehaltsmitteilungen als sichere E-Mails verschicken oder Rechnungen direkt aus dem System weiterleiten.

Arbeitsabläufe lassen sich beschleunigen und vereinfachen, Zeit und Kosten einsparen. Wo früher noch gedruckt, eingetütet, geklebt und verschickt werden musste, reicht heute im Prinzip ein Klick auf den beim E-Postbrief angemeldeten Mitarbeiter und schon ist die Gehaltsabrechnung beim richtigen Empfänger. (1), (8)

Wie können Geschäftskunden den E-Postbrief nutzen?

Als juristische Person kann man derzeit zwischen zwei Alternativen wählen. Bei sehr hohen Sendevolumina empfiehlt die Deutsche Post eine Anbindung an ihre Technik-Plattform via Gateway. Hierfür muss man sich an einen persönlichen Berater der Deutschen Post wenden, der die Anmeldung betreut und Details klärt. Kleinere und mittelständische Unternehmen mit geringeren Sendungsmengen können die Weboberfläche des E-Postbriefs nutzen und sich über das E-Postbrief Portal registrieren.

Bei der Registrierung kann ein Produktpaket bestimmt und eine Subdomain gewählt werden. Bislang ist allerdings nur die Buchung eines Basis-Pakets möglich. Bei der Anmeldung muss mindestens ein Administrator für das Geschäftskundenkonto festgelegt werden. Der Administrator verwaltet die Berechtigungen der einzelnen Nutzer und ist in der Lage neue Nutzerkonten einzurichten. Es können maximal drei Administratoren bestimmt werden. Wie bei einer privaten Anmeldung muss auch bei der Geschäftskundenregistratur eine gültige Mobilfunknummer eines deutschen Netzanbieters angegeben werden. Am Ende der Registrierung werden alle Vertragsunterlagen inklusive der Postident Coupons zum Herunterladen bereitgestellt. Die Unterlagen müssen ausgedruckt und von einer vertretungsberechtigten Person unterzeichnet werden. Dann können die Vertragsunterzeichner das Postidentverfahren in einer Postfiliale durchführen. Erst jetzt erhält der Administrator die Zugangsdaten des Nutzerkontos und der E-Postbrief steht zur Verfügung. (1), (3)

Wo gibt es noch Probleme und wie sicher ist der neue E-Postbrief eigentlich?

Leider ist die eigene Registrierung noch kein Garant dafür, dass die neue Art der Kommunikation auch wirklich funktioniert. Die Post sprach Anfang November zwar von rund einer Million Anmeldungen, die Zahl der aktiven Nutzer ist aber deutlich geringer und wird auf etwa 100 000 geschätzt. Will man allerdings mit Kunden, Geschäftspartnern oder Mitarbeitern kommunizieren, sollten diese ebenfalls beim E-Postbrief angemeldet sein. Sind sie das nicht, beginnt unter Umständen ein langer Weg für das Dokument. Hat der Empfänger nämlich keine E-Postbrief Adresse, wird der virtuell versendete Brief in der Postzentrale ausgedruckt und per Postboten zugestellt. Das kann natürlich länger dauern als es dem Versender lieb ist. Zudem ist es momentan noch nicht möglich, dass Zustellungen am Wochenende gedruckt werden. Das heißt also: verschickt man Freitagnachmittag einen E-Postbrief kommt dieser womöglich erst am kommenden Dienstag an. - Schnell klingt anders. (7), (2), (9)

Wissen sollte man auch, dass E-Postbriefe von Privat- wie Geschäftskunden werktäglich abgerufen werden sollten. Leert ein Unternehmen beispielsweise aus technischen Gründen seinen E-Postbriefkasten nämlich nicht, gilt ein E-Postbrief dennoch als zugestellt und eventuelle Fristen beginnen zu laufen. Darüber hinaus können Geschäftskunden die Deutsche Post beauftragen, die E-Postbriefadresse einer Person oder Firma zu ermitteln, ohne dass der Ermittelte dies zunächst erfährt. So manchen privaten Nutzer schrecken die Allgemeinen Geschäftsbedingungen deshalb ab. Diese besagen nämlich auch, dass Großkunden Nachrichten an private Nutzer jederzeit elektronisch versenden können, auch wenn die Person ihre E-Postbrief Adresse gar nicht öffentlich freigegeben hat. (5), (7)

Kunden wie Behörden oder Versicherungen haben derzeit auch noch Bedenken, ob die verschlüsselte E-Mail tatsächlich rechtssicher ist. Das De-Mail-Gesetz, das regeln soll unter welchen Voraussetzungen Dokumente wie Rechnungen, Mahnungen, Verträge oder Lohnzettel elektronisch rechtssicher verschickt werden können, wird voraussichtlich erst im Februar verabschiedet. (9)

Bezweifelt wird zudem die Sicherheit des E-Postbriefs. Aktuell sind E-Postbrief Sendungen standardmäßig TLS verschlüsselt. Der E-Postbrief fällt im Gegensatz zu seinem gedruckten Bruder auch nicht mehr unter das Briefgeheimnis. Hier greift rein rechtlich das weniger strenge Fernmeldegeheimnis.
Und erscheint eine Mitteilung wirklich sicher, die unter Umständen schon vor der Zustellung fremde Menschen drucken, eintüten und lesen können? So verwundert es nicht, dass beispielsweise die Stiftung Warentest Ihre Zweifel an der Sicherheit des E-Postbriefs äußert. Besonders unausgereift ist in deren Augen eben dieser Druckservice: Es sei bei ausgedruckten E-Postbriefen nicht mal sicher, dass etwas beim Empfänger ankommt. (7)

Die Post dagegen versichert, dass die Sorgen hinsichtlich der Sicherheit unbegründet sind. Die E-Postbriefe würden in Hochsicherheitsdruckzentren ausgedruckt und kuvertiert. Die Mitarbeiter, die mit dem Ausdruck zu tun haben, unterliegen dem Briefgeheimnis. Das hochautomatisierte Verfahren sei zudem "so schnell, dass man beim besten Willen nichts lesen kann." (9)

Umwelt und Image könnten profitieren

Nicht immer kommt es den Firmen bei der Nutzung des E-Postbriefs nur auf die Schnelligkeit und Kosteneffizienz an. Gerade heute, da Klimaerwärmung und CO_2-Ausstoß jeden Tag Thema sind, machen sich viele Unternehmen Gedanken darüber, Emissionen zu verringern. Auch aus Imageüberlegungen kann die E-Briefvariante für ein Unternehmen durchaus sinnvoll erscheinen. Legen doch immer mehr Kunden Wert darauf, einen umweltfreundlichen und nachhaltig denkenden Geschäftspartner zu haben. DHL bietet beispielsweise aus diesem Grund auch die Möglichkeit, die CO_2 Emissionen pro Transportroute anzuzeigen, so dass die Firmen darauf reagieren können. Könnte man in Zukunft den Großteil der Post über den E-Postbrief-Weg versenden, würde das einen nicht unerheblichen

Teil zum Umweltschutz beitragen. (4)

Trends

Konkurrenz in den Startlöchern

Die Deutsche Post steht nicht alleine mit ihrer Idee des E-Postbriefes. Einige Anbieter ziehen schon nach und versprechen E-Mails mit garantiertem Briefgeheimnis. Die so genannten De-Mails werden auch von GMX, 1&1 und T-Online angeboten. Wer den eigenen Namen für diese Mailadressen verwenden will, sollte schnell sein. Im Gegensatz zur Deutschen Post warten die anderen Anbieter noch den Entscheid zur rechtlichen Grundlage ab. Mit dem Inkrafttreten des Gesetzes wird Ende des ersten Quartals 2011 gerechnet. (3)

Fallbeispiele

Einige große Unternehmen stehen schon heute hinter dem E-Postbrief und treten als Werbepartner auf. Mercedes Benz Motorsport kündigt an, zukünftig vertrauliche Dokumente wie Konstruktionsdaten nur noch über den E-Postbrief zu senden. Auch Klaus Saloch von immonet.de unterstützt die Deutsche Post in deren eigener Anzeige und empfiehlt sämtliche Geschäftspost ausschließlich über den E-Postbrief abzuwickeln. Da man hier den Kunden eindeutig identifizieren kann und wirklich nachvollziehen kann, wo das verschickte Angebot gelandet ist. (1)

Als eine der ersten Kommunalverwaltungen wurde der Kreis Groß Gerau an das E-Postbrief-Portal angeschlossen. Hier will man von Januar an mit den Bürgern auch auf diesem Weg kommunizieren. Allerdings werden zunächst nur Informationsbriefe ohne brisanten Inhalt an die Bürger versendet, wie zum Beispiel die Benachrichtigung, dass ein Führerschein abgeholt werden kann. Mit dem digitalen Versand von anderen Schreiben, für die beispielsweise ein Einschreiben mit Rückschein erforderlich wäre, wird man abwarten bis das De-Mail-Gesetz im Februar verabschiedet ist. (9)

Kritisiert wird derzeit der hohe Preis des E-Briefs der Deutschen Post. Diese simple E-Mail, wenn auch mit hoher Sicherheit versandt, kostet nämlich mindestens 55 Cent. Bei Ausdruck von bis zu drei Seiten bleibt es auch dabei, wenn der Brief per Postboten zugestellt wird. Aber wenn es mehr zu drucken gibt, wird´s teurer. Ab neun Seiten ist ein Dokument beispielsweise schon ein Großbrief und kostet die üblichen 1,45 Euro Briefporto zu denen noch Druckkosten und 19 Prozent Mehrwertsteuer kommen. Für ein 13-seitiges Dokument, das die Post ausdruckt und zustellt, ist man dann beispielsweise schon bei 2,75 Euro. Soll das Ganze farbig gedruckt werden, wird es noch teurer. (5)

Weiterführende Literatur

(1) Epost.de: Mail-Dienst wird eingestellt
aus Frankfurter Rundschau vom 31.12.2010, Seite 7

(2) De-Mail - einfach wie E-Mail, so sicher wie Papierpost.
aus Frankfurter Rundschau vom 31.12.2010, Seite 7

(3) Adressen für die neue De-Mail schnell sichern
aus Schweriner Volkszeitung vom 16.07.2010, S. 9

(4) Post: CO2-neutrales Angebot erweitert
aus DVZ, Nr. 152 vom 21.12.2010

(5) Entschuldigen Sie«
aus WirtschaftsWoche NR. 031 VOM 02.08.2010 SEITE 060

(6) Kostenpflichtiges Sicherheitsrisiko Jetzt ist der E-Post-Brief da. Damit wird die Behördenpost zwar sicher vor Hundebissen. Nur leider macht man so Adresse und Mailinhalte auch Abmahnern und Adresshändlern zugänglich
aus Sonntaz, 31.07.2010, S. 20

(7) Kommunikation

aus iX - Magazin für Informationstechnik, 09/2010, S. 28

(8) Bremse los für elektronische Rechnungen
aus c't - Magazin für Computertechnik, 18/2010, S. 35

(9) In der Grauzone Für eine erfolgreiche Verbreitung des E-Postbriefs fehlt es noch an Rechtssicherheit
aus Berliner Zeitung, Ausgabe 298 vom 21.12.2010, S. 12

Impressum

Der E-Postbrief - die Post, die aus dem Netz kommt

Bibliografische Information der deutschen Nationalbibliothek

Die Deutsche Nationalbibliothek verzeichnet diese Publikation in der deutschen Nationalbibliografie; detaillierte bibliografische Daten sind im Internet über http://dnb.d-nb.de abrufbar.

ISBN: 978-3-7379-0372-1

© 2015 GBI-Genios Deutsche Wirtschaftsdatenbank GmbH, Freischützstraße 96, 81927 München, www.genios.de

Alle Rechte vorbehalten. Dieses Werk ist einschließlich aller seiner Teile – z.B. Texte, Tabellen und Grafiken - urheberrechtlich geschützt. Jede Verwertung außerhalb der Grenzen des Urheberrechtsgesetzes bedarf der vorherigen Zustimmung des Verlags. Dies gilt insbesondere auch für auszugsweise Nachdrucke, fotomechanische Vervielfältigungen (Fotokopie/Mikroskopie), Übersetzungen, Auswertungen durch Datenbanken oder ähnliche Einrichtungen und die Einspeicherung und Verarbeitung in elektronischen Systemen.